LA
CHANSON AU XVIᵉ SIÈCLE,

PAR

M. ÉVARISTE COLOMBEL,

AVOCAT.

NANTES,
IMPRIMERIE DE Mᵐᵉ Vᵉ CAMILLE MELLINET.

1853.

LA
CHANSON AU XVIᵉ SIÈCLE,

Par M. Évariste COLOMBEL.

La France est le pays des paradoxes, ce qui signifie peut-être que c'est la patrie des grandes vérités. Le paradoxe ne serait-il pas une vérité qui n'est pas encore née, ou bien encore une vérité défunte? Ce qui a été la vérité peut devenir un mensonge, de même que le sophisme n'est souvent qu'un fruit cueilli avant d'être venu. Laissez mûrir le sophisme, il ne sera plus une déception.

Mais quittons cette logomachie, et revenons à nos paradoxes.

Mon paradoxe est celui-ci : c'est qu'on pourrait, en faisant l'histoire de la chanson, faire l'histoire de France. Chaque époque a eu son cachet, féodalité, royauté, irréligion, raillerie, philosophie, liberté, révolution, gloires de l'Empire, souvenirs de Sainte-Hélène, luttes du drapeau blanc et du drapeau tricolore. Arrêtons-nous là. *Incedo per ignes.* Arrêtons-nous à Béranger ; et, de peur de socialisme, ne parlons pas de Pierre Dupont.

Béranger! ce nom nous le dit assez. Si chaque époque a eu son cachet, elle a eu son chantre, non pas son chantre à la façon d'Homère, pas même à la façon des bardes d'Albion, mais son chantre chansonnier. Laissons aux autres peuples la gloire d'avoir des poèmes épiques. La France peut s'en consoler, elle a ses chansons. Que ne savions-nous ces choses, quand, jeunes encore, échappés des bancs de la seconde, fiers d'être sur ceux de la rhétorique, nous déplorions avec toute l'Université cette déchéance intellectuelle de notre pays : « *La France n'a pas de poème épique! Non, la France n'en a pas, malgré les efforts de M. de Voltaire; et, ce qui pis est, c'est que nos éternels ennemis d'outre-Manche ont Milton et le Paradis Perdu...* » Voilà ce que nous avons tous dit!... En vérité, l'Université est bien coupable de ne nous avoir pas fait connaître la compensation des refrains nationaux.

A une époque déjà éloignée, lorsque je n'avais pas l'honneur de faire partie de cette assemblée, un journal de Nantes m'ouvrait le rez-de-chaussée de ses bienveillantes colonnes. Un jour, j'y entrepris de parler de la poésie du XVIe siècle. Mais, je l'avoue à ma honte, j'oubliai la chanson, cette forme si vive, si gaie, si précise, si française pour tout dire de ce qu'on est convenu d'appeler la poésie. Comment y aurais-je songé à cette fleur si fraîchement épanouie, empêché que j'étais dans les lourdes versifications latines des austères jurisconsultes de cette époque? Je veux réparer mon oubli et vous dire ce qu'en des temps de loisir, j'ai recueilli çà et là sur notre couplet de table ou d'amour, dont vous connaissez l'ambitieuse devise : *Mulcet,* — *Movet,* — *Monet.* Thalie disait bien : *Castigat ridendo mores.*

Nous vous ferons grâce des origines de la chanson. Il y aurait là matière à savante et bénédictine dissertation. Vous voyez donc bien qu'il n'est pas dans notre intention d'en parler. Nous vous rappellerons seulement que l'amour a, de tous temps, été le tendre ou joyeux inspirateur du chantre. C'est un privilége qu'il partage avec un autre des dieux de l'Olympe, celui qu'on nous représente pressant entre ses doigts les noirs raisins de l'Attique. Les ontologies grecques renferment évidemment des chansons; celle-ci, par exemple :

« Sont-ce les roses de ta corbeille ou celles de ton teint,
» fille aimable, que tu veux vendre? Est-ce le rosier avec toutes
» les roses? »

La chanson française peut dire : *Me voilà !* c'est bien elle, en effet ; un Athénien seul pouvait avoir cette gracieuse et charmante idée. Anacréon n'a pas mieux trouvé, il n'a pas mieux dit.

Et vous, joyeux chansonniers de la décadence romaine, Horace, Catulle, Tibulle, Properce, Martial, vous êtes aussi nos maîtres et nos précurseurs! C'est en parcourant vos vers qu'il arrive souvent de répéter :

> Ce sont des enfants de la lyre,
> Il faut les chanter, non les lire.

C'étaient là de dernières lueurs. Soudain, la nuit tombe sur la civilisation. Les barbares ont tout envahi. Les muses ont imité les dieux ; elles les ont suivis. Neuf siècles s'écoulent jusqu'au renouvellement des lettres. Il y eut bien du génie, mais il est sans art ; de l'esprit, mais il est sans goût ; du savoir, mais il est sans discernement. Adieu, chanson ! à des temps meilleurs... Passons, passons ! voici saint Bernard, qui, dans sa jeunesse, faisait des chansons badines sur des airs du temps. Passons ! voici Abélard, qui, probablement, n'employa pas que la philosophie pour gagner les bonnes grâces d'Héloïse... Passons !... Non, arrêtons-nous ! voici une lettre d'Héloïse au docteur breton :

« Deux choses vous gagnaient tous les cœurs : une heureuse
» facilité à faire les plus jolis vers du monde, et une grâce incom-

» parable à les chanter ; talents qui se trouvent rarement dans
» les savants de profession. Eh ! quels charmes n'avaient pas
» les tendres chansons que l'amour vous dictait ! Quelle dou-
» ceur dans les paroles et dans les airs ! On ne parlait que de
» celui à qui on devait de si galantes compositions... »

Faut-il déplorer la perte de ces chansons d'Abélard ? Nous ne le pensons pas. Héloïse était une femme d'imagination, et elle a toujours supposé à Abélard plus de mérite qu'il n'en avait réellement. Honni soit qui mal y pense !

Passons aussi sur les *trouvères* et sur les *troubadours,* sur les *chanteours* et les *chantères.* Ces maîtres de la gaie science sont probablement comme Abélard, plus heureux que bien méritants. Ne troublons pas la sérénité de leur réputation. M. de Sainte-Palaye nous apprend que les troubadours se paraient des plumes du paon. Triste emblème ! les troubadours étaient provenceaux ; ils n'étaient pas français. Rejetons toutes ces gasconnades.

Les manuscrits de la bibliothèque nationale donnent le nom d'un grand nombre de chansonniers, parmi lesquels nous rencontrons un seigneur breton, Pierre de Dreux, dit Mauclerc. Les grands noms chansonnaient sans déroger. Thibaut IV, comte de Champagne et roi de Navarre, né en 1201 et mort en 1254, est le véritable père de la chanson française. Mais aussi quelle heureuse destinée pour un chanteur ! il est comte de Champagne et prédécesseur de Henri IV. Il y avait là une fatalité.

C'est de lui, c'est de ce Thibaut, que sont ces vers :

« Et puis comment oublier
» Sa beauté, sa beauté, son bien dire,
» Et son très-doux, très-doux regarder ?
» Mieux aime mon martyre !... »

Nous pouvons maintenant marcher ; nous tenons le premier fil, il ne se rompra plus. Les noms et les chansons vont se succéder. Les croisades ont mêlé les peuples. Il vous arrive comme des bouffées d'Orient sur cette terre de la chevalerie. La France s'ouvre aux souffles de l'Adriatique et aux brises de l'Archipel grec.

Nous ne dirons rien de la prétendue Clotilde de Surville, qui nous paraît singulièrement apocryphe et d'invention moderne. Si nous nous trompions dans nos soupçons, il faudrait mettre, en première ligne, la fameuse ballade dont le refrain est bien connu :

« Plaisir ne l'est qu'autant qu'on le partage ? »

Il y a, dans les morceaux qu'on prête à Clotilde de Surville, une lasciveté d'expressions qui répugne aux idées que nous nous faisons d'une femme au XVe siècle. Dans le rondel à mon amie Rocca, il y a ce vers, entre autres :

« Secrets appas que traistre amour decèle, »

qui révèle une facture impériale de la main de M. Vanderbourg.

Christine de Pisan, femme sérieuse et honorée, rima pourtant quelques joyeusetés gauloises.

Autant en fit Charles d'Orléans, prisonnier des Anglais. Que de pontons nos refrains ont égayés ! Le fils de Valentine de Milan était un des vaincus d'Azincourt.

Cela mérite bien une citation, une seule :

« Comment se peut un pauvre cœur défendre,
» Quand deux beaux yeux le viennent assaillir ?
» Le cœur est seul, désarmé, nu et tendre,
» Et les deux yeux sont armés de plaisir.... »

On pressent la race gracieuse, molle et poétique des Valois. Le côté gai n'y manque pas dans le charmant couplet : *Crié soit à la clochette....*

Mais voici Villon. Chapeau bas ! c'est un poëte, non pas quoiqu'il, mais parce qu'il chante. Villon, aussi lui, a été prisonnier, mais prisonnier du Châtelet. Les Anglais qui le retiennent sont, hélas! ses créanciers. Le guet vient par-dessus. Villon, c'est le peuple qui rime, qui chante et qui nargue l'autorité; cela fait contraste avec nos romances seigneuriales et princières : à chacun son langage. Villon a celui des halles; la dame de ses pensées est une blanche savetière.

C'est probablement à l'une des vulgaires passions de sa flamme qu'il adressait ce couplet :

« Amours, folles amours font les gens bêtes ;
» Salomon idolâtria ;
» Samson y perdit ses lunettes :
» Bienheureux est qui rien n'y a. »

Nous aimons mieux la ballade des beautés du temps jadis. « Où sont-elles, ces belles dames? » se dit Villon.... Il répond :

Où sont les neiges d'antan?

Avant Boileau, Villon avait peint un chanoine :

« Sur mol duvet assis un gros chanoine,
» Près un brasier, en chambre bien nattée ;
» A son côté gisait dame Sidoine,
» Blanche, tendre, polie et attaintée. »

C'est ce que Villon nous dit avoir surpris par le trou de la serrure. Nous est avis qu'il n'y avait point alors besoin d'y regarder de si près.

Villon mériterait plusieurs pages, et nous savons qu'il faut abréger. Mais, disons qu'avant Villon, bien avant, Olivier Basselin, de Vire, en Normandie, le père putatif du vaudeville, avait inauguré la chanson rabelaisienne, le gros rire, le culte de la dive bouteille. Voici un échantillon de la poésie bachique du Foulon de Normandie; ce qui, entre parenthèses, ferait croire qu'à cette époque la Normandie produisait autre chose que du cidre; ce qui, vous voyez que nous allons de déduction en déduction, ne laisse pas que de donner une grande importance à la chanson, au point de vue de la statistique agricole de la France, au moyen-âge, avant la renaissance.

Mais la citation est préférable à la remarque :

« Beau nez, dont les rubis ont coûté mainte pipe,
» De vin blanc et clairet,
» Et duquel la couleur richement participe
» Du rouge violet;
» Gros nez! qui te regarde à travers un grand verre,
» Te juge encor plus beau :
» Tu ne ressembles point au nez de quelque herre
» Qui ne boit que de l'eau! »

Observons que la coupure des vers sera adoptée par Malherbe, dans ses fameuses stances à Duperrier :

« Le pauvre, en sa cabane, où le chaume le couvre,
» Est sujet à ses lois;
» Et la garde qui veille aux barrières du Louvre,
» N'en défend pas nos rois ! »

On a même fait à Malherbe l'honneur de l'invention. Mais nos La Harpe et nos Le Batteux auraient dédaigné de lire une vieille chanson, parlant d'un gros nez! Quel profit y a-t-il là pour la haute critique?

Voici une petite perle d'Olivier Basselin :

« Toujours dans le vin vermeil
» Ou autre liqueur bonne,
» On voit un petit soleil
» Qui frétille et rayonne. »

Alfred de Musset, en ses beaux jours, avant d'être académicien, n'aurait pas mieux trouvé.

Plus tard, Clément Marot est plus pur, plus français, moins gaulois :

« Adieu amour, adieu gentil corsage;
» Adieu ce rire, adieu ces si beaux yeux !
» Dont un regard semblait m'ouvrir les cieux !

» Je n'ai pas eu de vous grand avantage.
» Un autre moins aimant aura peut-être mieux. »

Qui ne connaît la ballade de *frère Lubin*? le rondeau du *bon vieux temps*? le *passereau* de la jeune Maupas? et ces charmants vers :

« Demandez-vous ce qui me fait glorieux?
» Hélène a dit, et j'en ai bien mémoire,
» Que de nous trois elle m'aimait le mieux.
» Voilà pourquoi j'ai tant d'aise et de gloire !
» Vous me direz qu'il est assez notoire
» Qu'elle se moque et que je suis déçu.
» Je sais bien ; mais point ne veux le croire
» Car je perdrais l'aise que j'ai reçu.... »

Et ailleurs :

« Amour, tu as été mon maître,
» Je t'ai servi sur tous les dieux !
» Ah ! si je pouvais deux fois naître,
» Combien te servirais-je mieux ! »

Clément a des grâces marotiques; il faudrait tout citer, même sa pièce du *Beau Tétin*.

De Clément Marot au roi François Ier, il n'y a que la main. Ensemble, ils ont vécu ; ensemble, ils survivent dans nos souvenirs. Clément Marot guerroyait aux côtés de son prince ; François Ier rimaillait aux côtés de son chansonnier.

Nous avons sous les yeux deux chansons du roi-chevalier ; Franchement, elles ne valent pas grand'chose : à la première, on ne comprend rien ; c'est un amoureux martyre fort entortillé ; dans la seconde, on remarque ce vers :

« Plus je règne, amant, que roy. »

Clément Marot n'aurait-il point, par hasard, passé par là?

« Son cœur est le trône
» Où veut s'asseoir mon amour. »

Somme toute, nous aimons mieux le bulletin de Pavie.

Mellin de Saint-Gelais, aumônier et bibliothécaire du roi Henri II, mort en 1558, nous a légué des chansons. Nous avons remarqué cette apostrophe :

> « Soupirs ardents, parcelles de mon âme,
> » Volez au ciel, et, là haut, m'attendez ! »

Ah ! voici des vers de connaissance ! ce sont de vieux amis !

> « Adieu, plaisant pays de France,
> » O ma patrie, la plus chérie,
> » Qui as nourri ma jeune enfance !
> » Adieu, adieu mes beaux jours !
> » La nef, qui dejoint nos amours,
> » N'a eu de moi que la moitié ;
> » Une part te reste, elle est tienne ;
> » Je la lie à ton amitié,
> » Pour que de l'autre, il te souvienne ! »

Vous avez salué Marie Stuart, non pas la reine d'Écosse, mais la reine de France.

Il y eut deux chansonniers célèbres sous le règne de Henri II, nous nous trompons, sous le règne de Diane de Poitiers : Béranger de la Tour et Nicolas Renaud. On a retenu aussi le nom d'un Claude Pontoux.

Charles IX n'était pas Valois pour rien : il rimait. On connaît de lui quelques vers charmants ; il fit une chanson pour sa douce et bonne Marie Touchet, qui le consolait d'être roi, d'avoir pour mère Catherine de Médicis et pour frère Henri III.

Charles IX disait à Ronsard :

> « Tous deux également nous portons des couronnes :
> » Moi, roi, je les reçus ; poète, lui les donnes. »

Remy Belleau nous a laissé ces vers délicieux :

> « Avril, l'honneur et des mois,
> » Et des bois,

» Avril, la douce espérance
» Des fruits que sous le coton
 » Du bouton
» Nourrissent leur jeune enfance ;

» Avril, c'est ta douce main
 » Qui du sein
» De la nature desserre
» Une moisson de senteurs
 » Et de fleurs,
» Embaumant l'air et la terre.

» C'est toi courtois et gentil
 » Qui d'exil
» Retire ces passagères,
» Ces arondelles qui vont
 Et qui sont
» Du printemps les messagères.

» C'est à son heureux retour
 » Que l'amour
» Souffle, à doucettes haleines,
» Un feu discret et couvert
 » Que l'hiver
» Recélait dedans nos veines. »

Nous abrégeons la pièce.

C'est bien, très-bien ! encore un pas, et nous aurons toute la perfection de Malherbe ; mais le sentiment y perdra quelque peu. Il y aura moins d'émotion sous le vers plus régulier.

Les meilleurs chansonniers de cet âge sont, à coup sûr, Desportes et Bertaud.

Il y a du Pétrarque dans Desportes. Sa chanson, imitée de l'italien : *O nuit, jalouse nuit,* a eu un succès prodigieux. Elle se chantait encore sous la minorité de Louis XIV.

Bertaud a moins d'originalité. Ces vers sont jolis :

 « Félicité passée,
 » Qui ne peut revenir,

» Tourments de ma pensée !
» Félicité passée !
» Que n'ai-je en te perdant perdu le souvenir !

En parlant de ce couplet, on peut dire que nos mères le savent encore et l'ont chanté : magnifique éloge !

C'est comme ce refrain de Montgaillard, mort en 1605 :

« Dormez donc, mes chères amours,
» Car pour vous je veille toujours. »

Jean Baïf essaya d'introduire dans la poésie légère la cadence des vers grecs et latins. S'adressant à l'Aurore, il lui dit :

« Déesse vigoureuse,
» Qui te fais paresseuse,
» Ton vieillard ne veut pas
» Que, de nous désirée,
» Tu te caches là-bas,
» Si longtemps retirée.

» Viens donc, et favorise
» Ma modeste entreprise
» D'écrire des chansons,
» Qui fassent immortelles
» Mes amours de leurs sons
» Et mon nom avec elles. »

Baïf éprouva ce que bien d'autres écrivains ont aussi éprouvé, les mauvais tours que joue l'imitation des langues anciennes, quand on n'est pas un maître de premier ordre, un Amyot, un Montaigne ; Ronsard l'expérimenta aussi. Baïf est bien pour quelque chose dans une pièce récente des *Émaux et Camée*, de Théophile Gauthier, *le Printemps*. Pourquoi n'en rien dire ?

Citerons-nous René Bouchet, qui a commencé les bergeries ?

« Bergère, tu es infidèle
» Autant quasi que tu es belle. »

Nous n'oublierons point un poète de nos contrées, presque Breton, Angevin de Liré, Joachim du Bellay, celui qui disait :

« Plus me plait le séjour qu'ont bâti mes ayeux
» Que des palais romains le front audacieux ;
» Plus que le marbre dur me plait l'ardoise fine ;

» Plus mon loire gaulois que le Tibre latin,
» Plus mon petit Liré que le mont Palatin,
» Et plus que l'air marin la douceur angevine. »

Voici sa villanelle du vanneur de blé, en s'adressant aux vents :

« O vous troupe légère,
» Qui d'aile passagère
» Par le monde volez,
» Et, d'un sifflant murmure,
» L'ombrageuse verdure
» Doucement ébranlez.

» J'offre ces violettes,
» Ces lys et ces fleurettes
» Et ces roses ici,
» Ces vermeillettes roses ;
» Tout fraichement écloses
» Et ces œillets aussi.

» De votre douce haleine
» Éventez cette plaine,
» Éventez ce séjour,
» Cependant que j'ahanne
» Et mon bled, que je vanne,
» A la chaleur du jour. »

Mais le maître est Ronsard, le grand Ronsard !

« Mignonne, allons voir si la rose,
» Qui, ce matin, avait declose
» Sa robe de pourpre au soleil,
» A point perdu, cette vesprée,
» Les plis de sa robe pourprée
» Et son teint au vôtre pareil.

» Las! voyez comme en peu d'espace,

» Mignonne, elle a dessus la place,
» Las, las, ses beautés laissé choir!
» O vraiment, maratre nature,
» Puisqu'une telle fleur ne dure
» Que du matin jusques au soir!

» Donc, si vous me croyez, mignonne,
» Tandis que votre âge fleuronne
» En sa plus verte nouveauté,
» Cueillez, cueillez votre jeunesse :
» Comme à cette fleur, la vieillesse
» Fera ternir votre beauté. »

C'est délicieux de pensée et d'expression. On ne fera pas mieux dans ces genres de moyenne hauteur.

On connaît la délicieuse chanson de Béranger :

« Et, bonne vieille, au coin d'un feu paisible,
» De votre ami répétez les chansons.... »

Voici la même pensée due à Ronsard :

« Quand vous serez bien vieille, un soir, à la chandelle,
» Assise auprès du feu, devisant et filant,
» Direz, chantant mes vers et vous émerveillant :
» Ronsard me célébrait du temps que j'étais belle!
. . . .
» Je serai sous la terre, et, fantôme sans os,
» Par les ombres myrteux je prendrai mon repos ;
» Vous serez, au foyer, une vieille accroupie,
» Regrettant mon amour et votre fier dédain.
» Vivez, si m'en croyez, n'attendez à demain :
» Cueillez, dès aujourd'hui, les roses de la vie.

Ronsard affectionne le sonnet; il faut dire qu'il y excelle et y réussit mieux que dans ses grandes compositions.

Un sonnet, sans défaut, vaut seul un long poëme,

a dit Boileau, et Boileau a bien raison : qu'est-ce qui ne vaut pas un long poëme?

Ces couplets de *Mignonne* nous rappellent une imitation de Fontenelle. Fontenelle fait parler deux roses, qui, fâchées de vivre si peu, admirent la longévité humaine. « *De mémoire de* » *rose,* dit l'une, *on n'a point vu mourir de jardinier.* »

Le célèbre Bussy d'Amboise, celui-là dont Marguerite de Valois disait : « *Il était né pour être la terreur de ses ennemis, la gloire de son maître et l'espérance de ses amis;* » — ce Bussy a laissé trois mauvais couplets, les seuls, du moins, que nous connaissions.

Henri IV a-t-il ou n'a-t-il pas fait *Charmante Gabrielle? Adhuc sub judice lis est.* Mais ce couplet est de lui :

« Je bois à toi, Sully !
» Mais j'ai failli ;
» Je devais dire à vous, adorable duchesse.
» Pour boire à vos appas
» Faut mettre chapeau bas. »

Nous aimons mieux les *Ventre saint gris!* et notamment le discours du Béarnais aux notables de Rouen.

Ce n'est pas, on le voit de reste, une histoire que nous voulons faire, ce serait trop difficile ; ce n'est pas davantage une dissertation, ce qui serait ennuyeux ; enfin, ce n'est pas encore une nomenclature que nous avons eue la prétention de vous offrir, ce serait trop long. Ce que nous avons voulu, c'est cueillir une des plus charmantes fleurs de la poésie, en ces jours de jeune épanouissement de notre belle langue française, à cette époque solennelle, où, se dégageant de ses liens, elle se forme, grandit, prend de l'assurance sans perdre de sa grâce et promet déjà les grands auteurs du XVIIe siècle. Notre langue est mieux que belle, elle est nationale, elle est un des éléments de notre unité si merveilleuse. Voilà surtout ce qui nous attache à ses commencements, à ce premier débarras des lisières. C'est maintenant un merveilleux outil, un instrument de premier ordre.

Il y a de l'intérêt à voir ce qu'il a été, même dans ce modeste délassement de l'esprit, qui s'appelle une chanson; même dans le refrain de nos coupleteurs, comme on disait au bon temps. *Temporis acti laudator !*

Nos citations n'ont trait qu'à ce sentiment qui défraie toutes nos pièces de théâtre, l'amour! Mais il y avait des chansons sur presque tous les événements de l'époque. La Bibliothèque Nationale contient un nombre considérable de chansons ou vaudeville. Tout y est chanté : guerres avec Charles-Quint, désastre de Pavie, captivité du roi, combat de Jarnac et de la Châtaigneraie, mort de Henri II, départ de Marie Stuart, insolence des mignons, mort de Henri III, tout cela est exploité par la chanson. Nous l'avons dit, c'est l'histoire de France en refrains. On chantait les mœurs, plutôt les mauvaises que les bonnes. On avait des complaintes sur tous les malfaiteurs. On chantait les maris, on chantait les médecins; on chantait même certaine maladie récente, importée d'Italie, et qu'un membre de la Section de Médecine a seul le droit d'appeler par son nom. Le goût des chansons licencieuses et impies devint tel, que l'Assemblée de 1560 proposa des mesures de prévention (voir de Thou, livres 22 et 36). On faisait des motets bachiques. En voici un :

« Deus, qui bonum vinum creasti,
» Et ex eodem multa capita dolore fecisti,
» Da nobis, quæsumus, intellectum,
» Ut saltem possimus invenire lectum. »

Certes, les amateurs des rimes riches doivent être satisfaits.

C'était l'époque des haines religieuses, heureusement éteintes aujourd'hui, malheureusement remplacées par nos dissentiments politiques, qui, eux aussi, s'éteindront. Les huguenots chansonnaient les catholiques; les catholiques chansonnaient les huguenots. *Christophe de Bordeaux* a recueilli les chansons des catholiques. Les catholiques se chansonnaient entre eux. On attribue ce couplet à Charles IX:

« François premier prédit à point,
» Que ceux de la maison de Guise
» Mettraient ses enfants en pourpoint
» Et son pauvre peuple en chemise. »

Cet autre est de Passerat :

« Mais, dites-moi, que signifie
» Que les ligueurs ont double croix ?
» C'est qu'en la ligue on crucifie
» Jésus-Christ encore une fois. »

Passerat succéda à Ramus dans la chaire de professeur en éloquence. Ses vers français offrent souvent des traits ingénieux et des grâces naïves. L'*Hymne à la Nuit* renferme d'heureuses pensées. Son sonnet sur les femmes et sur les procès est connu au barreau, et l'épigramme n'est pas trop mauvaise.

On chanta sous la ligue, on chantera sous la fronde. Le Français chante toujours ! comme le dit un auteur, le Français chante ses conquêtes, ses prospérités, ses défaites, ses misères et ses maux. *Battant ou battu, dans l'abondance ou dans la disette, heureux ou malheureux, triste ou gai, il chante toujours, et l'on dirait que la chanson est son expression naturelle.* (Meusnier de Querlon.)

Mazarin connaissait bien notre caractère : « Le peuple chante, il paiera. » Aussi, il laissait chanter, ce qui n'empêchait pas l'impôt de rentrer. Plus la chanson est libre, plus le Gouvernement est sûr. Mais cela est de la *haute politique,* et nous n'en voulons parler qu'à propos de chanson.

On a dit des chansons de Béranger qu'elles étaient de véritables odes. C'est vrai ; mais c'était vrai, avant Béranger, d'un grand nombre de chansons françaises. L'enthousiasme ne naît pas exclusivement du sentiment national et patriotique. On a confondu souvent l'ode avec la chanson, ou plutôt la chanson avec l'ode. On donne pour une ode cette pièce de Ronsard que nous avons citée :

« Mignonne, allons voir si la rose.... »

C'était une chanson.

Nous en dirons autant de l'ode à Vénus, du chonoine du Bellay, que nous avons citée :

« Je t'offre ces beaux œillets,
» Vénus ! je t'offre ces roses
» Dont les boutons vermeillets
» Imitent les lèvres closes.... »

Le Passereau de la jeune Maupas, de Marot, était, sans doute, une chanson. Nous pourrions multiplier les exemples. Nous avons déjà cité, de Marot, ce qu'on donne parfois pour un madrigal, et qui est une belle et bonne chanson :

« Plus ne suis ce que j'ai été.... »

Cette confusion n'a rien d'étonnant. On l'a dit, l'ode était l'hymne, le cantique, la chanson des anciens. Elle comprenait tous les genres, tous, jusqu'à la chanson à boire.

Sous prétexte de chanter les louanges d'Auguste, Horace disait bien :

« Quo me, bacche, rapit, tui,
» Plenum?... »

Est-ce qu'un poète a besoin de prétextes pour chanter le pouvoir ?

En vérité, que parlons-nous d'odes et de chansons à ce siècle qui a inventé pour lui l'épithète positive ?

L'ode demande de l'enthousiasme ; et, à propos d'enthousiasme, où est-il ?

La chanson demande de la gaîté ; et, chacun le sait, on ne rit plus, on ne boit plus, on ne rime plus, on ne chante plus : ce sont des cordes brisées à notre lyre.

Les choses se passaient autrement au XVIe siècle. Si la chanson comptait de jeunes et gais lévites, elle avait aussi ses grands prêtres austères et sérieux qui se déridaient en la cultivant.

Guy Dufour, sieur de Tibrac, avocat, puis président à mortier et chancelier du duc d'Alençon, énergique défenseur des libertés de l'église gallicane, ne croyait pas compromettre sa dignité en écrivant des quatrains et en rimant des refrains; il disait :

> « La calomnie en l'air n'a résidence
> » Ni sous les eaux, ni au profond des bois;
> » Sa maison est aux oreilles des rois
> » D'où elle brave et flétrit l'innocence. »

Le docte Étienne Pasquier, l'auteur des *Recherches sur les Francs*, l'antagoniste des jésuites, a composé des poésies latines et françaises, qui ne manquent pas de détails ingénieux et piquants.

Nous pourrions multiplier les exemples, en ajoutant les noms de Servole de Sainte-Marthe, de Jacques Grevin, de Claude d'Expilly, de Pierre Forget, le rédacteur de l'*Édit de Nantes*.

Au XVIIe siècle, nous trouvons parmi les chansonniers : Maynard, Racan, Claude de l'Estoile, Voiture, maître Adam, René de Bruc, marquis de Montplaisir, Scarron.... Il faut nous arrêter; nous avons promis autre chose qu'une nomenclature. Notons, en passant, que, pour ne pas sortir du cadre imposé par notre titre, nous n'avons cité que les noms d'auteurs nés avant l'an 1600.

Dans les productions de la nature, le savant ne néglige pas les infiniment petits. S'il contemple l'éléphant, il considère le ciron; s'il a une page pour le chêne séculaire, il ne dédaigne pas l'hélianthème. De même, dans les productions de l'esprit, il ne faut rien mépriser. Ceux qui méprisent, sont ceux qui ne comprennent pas. L'ironie, cette arme des gens sans cœur, est aussi un témoignage de faiblesse intellectuelle. On peut dire de la chanson :

> « *In tenui labor, at tenuis non gloria.* »

Nantes, Imprimerie de Mme veuve Camille Mellinet.

www.ingramcontent.com/pod-product-compliance
Lightning Source LLC
Chambersburg PA
CBHW070540050426
42451CB00013B/3098